AF456282

VENTE

*Des 9 et 10 Juin 1914*

HOTEL DROUOT, SALLE N° 6

A DEUX HEURES 1/4

# MEUBLES ANCIENS
## ET MODERNES

Bronzes, Surtouts de Table

**SIÈGES**

Tableaux et Gravures

**ARGENTERIE**

**ÉTOFFES**

COMMISSAIRE-PRISEUR

Me Gaston FRANÇOIS

EXPERTS

MM. G. DUCHESNE & R. DUPLAN

CATALOGUE

DE

# Meubles Anciens et Modernes

## AMEUBLEMENTS DE SALON, SIÈGES

PORCELAINES DIVERSES

VERRERIE

***TABLEAUX, MINIATURES***

GRAVURES

## Bronzes et Surtouts de Table

Dont un de THOMIRE

**PENDULES**

GLACES ET MIROIRS

**ARGENTERIE ET PLAQUÉ**

ÉTOFFES

OBJETS DIVERS

**LE TOUT APPARTENANT A MONSIEUR P. B...**

DONT LA VENTE AUX ENCHÈRES PUBLIQUES AURA LIEU

## HOTEL DROUOT, SALLE N° 6

**Les MARDI 9 et MERCREDI 10 JUIN 1914**

*A deux heures 1/4*

---

COMMISSAIRE-PRISEUR

**Me Gaston FRANÇOIS**

23, rue Le Peletier

EXPERTS

**MM. G. DUCHESNE et R. DUPLAN**

10, rue Rossini

---

EXPOSITION PUBLIQUE

**Le Lundi 8 Juin 1914, de 2 heures à 6 heures**

## CONDITIONS DE LA VENTE

Elle sera faite au comptant.

Les adjudicataires paieront *dix pour cent* en sus des enchères.

## ORDRE DES VACATIONS

**Mardi 9 Juin 1914**

Du nº 1 au nº 86

**Mercredi 10 Juin 1914**

Du nº 87 au nº 180

Paris. — Imp. de l'Art, Ch. Berger, 41, rue de la Victoire.

# DÉSIGNATION

## GRAVURES

### EN NOIR ET EN COULEURS

### MINIATURES, AQUARELLES, GOUACHES

## TABLEAUX

### DESSUS DE PORTES

### VOLUMES ET BROCHURES

1 — Album comprenant un lot de gravures en couleurs : caricatures. Époques Napoléonienne et de la Restauration.

2 — Gravure en couleurs, d'après Caresme : Satyre découvrant une nymphe endormie.

3 à 7 — Dix-sept gravures en couleurs, des XVIIIe et XIXe siècles. (Sera divisé.)

8 à 13 — Un lot de gravures diverses. (Sera divisé.)

14 — Grande miniature sur vélin : Portrait de femme âgée, vue de face, en buste, le corps tourné à gauche; coiffée d'un bonnet blanc, les épaules couvertes d'une écharpe noire brodée de dentelle. Forme de médaillon dans un encadrement simulant le marbre. Fin du XVIIIe siècle.

15 — Miniature ronde : Faune découvrant une nymphe endormie que défend un amour.

16 — Miniature représentant un sujet allégorique : Près d'un socle de marbre, une femme, symbolysant l'Histoire, trace le nom d'Alexandre Premier, dont le buste vient apparaître quand on fait jouer un levier placé sur le côté du cadre.

17 — Miniature ronde : Portrait d'homme en habit bleu, vu en buste, gilet et cravate blanche, cheveux au naturel. Époque fin du XVIIIe siècle.

18 — Miniature : Portrait de jeune femme, vue à mi-corps, en robe rouge décolletée, écharpe de tulle brodé sur les cheveux. Époque Directoire.

19 — Importante miniature sur vélin : Portrait d'homme, vu en buste, la figure de trois quarts, habit brun, col et cravate noirs. Signée : *de Lagrenée.* Époque de la Restauration.

20 — Deux gouaches : Paysages d'Allemagne.

21 — Grande gouache : La Chute du Rhin à Schaffouse.

22 — Deux importantes gouaches de l'École Russe, XVIIIe siècle, représentant deux vues de Moscou avec le Kremlin.

23 — Trois aquarelles ou pastel, non encadrées.

24 — Deux aquarelles : Sujets de genre, par E. DE BEAUMONT.

25 — Petite peinture en miniature dans la manière de BOILLY : Portrait d'un général autrichien. Fin du XVIIIe siècle.

26 — Tableau, par AÏVASOWSKI : Effet de lune sur un lac.

27 — Deux tableaux se faisant pendants : Scènes mythologiques.

28 à 33 — Dix tableaux de différentes écoles, anciens et modernes. (Sera divisé.)

34 — Quatre dessus de portes : Les Quatre éléments représentés par des figures de femmes peintes en grisaille. Cadres en bois naturel, dorés en partie.

35 — Deux dessus de portes en bois sculpté et peint, avec panneaux peints offrant un paysage avec animaux et une figure de femme symbolisant la Sculpture.

36 à 40 — Un lot volumes et brochures. (Sera divisé.)

# PORCELAINES DIVERSES

## ANCIENNES ET MODERNES

## VERRERIE

41 — Deux petits vases-cache-pot en porcelaine décorée en or sur fond blanc.

42 — Deux vases en porcelaine de Berlin, formant brûle-parfums, décor bleu clair, fond blanc à rehauts d'or.

43 — Aiguière et son bassin en porcelaine décorée saumon sur fond blanc avec réserves de trophées et de figures en camaïeu, rehauts d'or. Époque de la Restauration.

44 — Deux petits vases tronqués en ancienne porcelaine de Vienne, décor de fleurs sur fond d'or.

45 — Vase à pans en porcelaine d'Allemagne, décor polychrome à personnages et fleurs.

46 — Groupe en faïence décorée : Jeune femme sacrifiant près d'un autel.

47 — Deux verres à champagne, un verre à piédouche et deux verres taillés et dorés.

48 — Vase à anses en ancienne faïence de Naples, décor fond vert à réserves de figures en camaïeu sur fond blanc.

49 — Deux cache-pot en porcelaine de Paris, décor fond vert à rehauts d'or sur fond blanc avec bouquets de fleurs.

50 — Groupe en biscuit de Capo di Monte : Centaure dompté par l'Amour. Commencement du XIXe siècle.

51 — Six vases en porcelaine de Paris, décor vert d'eau à réserves de bouquets de fleurs sur fond blanc, reposant sur des socles rectangulaires en porcelaine. Ils supportent des lampes ou des bouquets de lumières en bronze.

52 — Deux vases en porcelaine décorée en polychrome et dorée, de Jacob Petit, sur socles à pieds formés de rinceaux.

53 — Deux coupes en porcelaine de Paris, décor d'or, résillée à jours ; piédouche à griffes.

54 — Deux services de table en porcelaine Russe décorée, à rehauts d'or.

55 — Douze assiettes en porcelaine décorée d'Allemagne, présentant au centre des portraits de femmes, dites les Douzes Beautés de Kaulbach.

56 — Service à thé en porcelaine fond vert, composé d'une verseuse, un sucrier, un bol et dix tasses avec soucoupes.

57 — Deux plats à marlis ajourés en porcelaine de Saxe-Marcolini, avec fleurs et fruits en trompe-l'œil.

58 — Plat long en ancienne porcelaine de Saxe, décor de bouquets de fleurs en camaïeu et or sur fond blanc.

59 — Un lot de tasses et soucoupes en porcelaine décorée.

60 — Service à thé en porcelaine Russe, fond bleu à rehauts d'or.

61 — Service de verrerie d'environ cent dix pièces en cristal taillé de Baccarat, modéle de la Restauration.

62 à 65 — Un lot de verrerie. (Sera divisé.)

# ARGENTERIE

## PLAQUÉ

66 à 70 — Lot de plaqué : chocolatière, corbeille à pain, légumiers, soupière, saucières, plateaux, dessous de carafes, chandeliers, bouilloire, vases-rafraichissoirs et pièces diverses (Sera divisé).

71 — Deux plats ronds et deux plats longs en plaqué, de forme contournée, bords à faisceau et pampres; garniture argent.

72 — Légumier, de forme ronde, en argent, avec double fond et couvercle à bouton formé par un chou-fleur. *Maison Odiot.*

73 — Quatre plats ronds et un plat long en argent à bords ciselés à palmettes. (Sera divisé.)

74 — Douze couverts à entremets en vermeil, douze couteaux manches et lames en vermeil et douze couteaux manches vermeil, lames acier.

75 — Service en argent, composé de : douze couverts de table; douze fourchettes; douze couverts à entremets; douze couteaux de table; douze couteaux à dessert; douze couteaux à fruits, lames en argent; douze petites cuillères à café; truelle à poisson; pince à asperges; louche; cuillère à ragoût; quatre pièces à hors-

d'œuvre ; une cuillère à fraises ; un couteau à fromage ; une cuillère à sucre en poudre ; un couvert à salade.

# OBJETS DIVERS

## BOIS ET MARBRES SCULPTÉS

76 — Une mandoline napolitaine.

77 — Papetier-classeur en cuir, avec gravure en couleurs représentant un paysage suisse.

78 — Cinq appliques en bois sculpté et doré, modèle à couronnes, lyre et rinceaux.

79 — Quatre pilastres en bois doré et bronze estampé et peint, décor à colonnes et rinceaux.

80 — Un ciel de lit en acajou, forme de dôme.

81 — Coffret en marqueterie d'ivoire sur écaille, avec appliques de bronze ciselé et doré. XVIIe siècle.

82 — Coffret en marqueterie de nacre sur écaille. Travail oriental.

83 — Deux grands candélabres en bois sculpté peint et doré en partie ; modèle à faisceaux, drapeaux et cors de chasse.

84 — Deux appliques en bois sculpté et doré, à trois lumières, motif à lyre et rosace.

85 — Groupe en marbre : Enfant chassant un sanglier. Travail Italien.

86 — Coupe en albâtre : Reproduction d'une fontaine de Rome ; décor à chevaux marins et dauphins.

# BRONZES, PENDULES

## DEUX SURTOUTS DE TABLE DONT UN DE THOMIRE

### APPAREILS D'ÉCLAIRAGE

87 — Deux petites aiguières en malachite, montées en bronze.

88 — Deux flambeaux et un flacon à parfum, bronze et cristal. Époque de la Restauration.

89 — Un gobelet, une bonbonnière, une verseuse en cristal, montés en bronze. Époque de la Restauration.

90 à 95 — Une aiguière montée en bronze et quinze pièces en cristal taillé : verres, coupes, pots, gobelets, anciens et modernes. (Sera divisé.)

96 — Écritoire en bronze doré, à deux godets en cristal, avec sonnette en bronze. Style Empire.

97 — Petite lampe romaine en bronze patine verte, partie dorée. Style Empire.

98 — Statuette en bronze Italien : Homme debout. Socle cylindrique en bois.

99 — Presse-papier: Lion en bronze doré, sur socle en marbre de Sienne.

100 — Garniture de cheminée en bronze doré ou patiné en brun, composée d'une pendule à figure de femme jouant de la lyre et de deux candélabres à figures de femmes jouant du cor. Socles en marbre vert orné de bronzes.

101 — Pendule en bronze patiné vert et partie dorée, offrant un personnage Indien tenant un arc et à la base en relief des scènes de la vie Indienne. Cadran signé de : *Guyon à Chaslons.*

102 — Petite pendule, forme portique à arceaux et fleurons, toute plaquée de nacre; monture en bronze ciselé. XIXe siècle.

103 — Grande pendule en bronze ciselé et doré, à terrassements au milieu de rocailles sur lesquels reposent des chiens divers en porcelaine décorée au naturel. Cadran signé de : *Boullée.*

104 — Garniture de cheminée en bronze ciselé et doré, composée d'une grande pendule à motifs de rinceaux, carquois, vases et frises, reposant sur un socle de même décor, et de deux candélabres formés par des figures de femme et homme

bacchants en bronze patiné en brun supportant des bouquets de trois lumières en bronze doré, reposant sur des socles en marbre de forme circulaire. Style Louis XVI. La pendule est signée de : *Lerolle frères, à Paris.*

105 — Pendule, forme borne, et deux flambeaux en bronze ciselé et doré. Époque de la Restauration.

106 — Deux flambeaux en bronze doré. Époque de la Restauration.

107 — Veilleuse en cristal, montée sur bronze, suspendue à une potence en bronze, avec socle en marbre jaune.

108 — Pendule en bronze ciselé et doré, socle en marbre blanc orné de bronzes, décorée dans la partie supérieure d'un vase-brûle-parfums à têtes de béliers. Style Louis XVI. Cadran signé de : *Dutertre.*

109 — Dix pièces de surtout, comprenant une grande coupe en porcelaine ajourée fond vert rehaussé d'or, pied en bronze doré à décor de rinceaux feuillagés, une grande coupe, quatre coupes plus petites, quatre drageoirs en cristal, montés en bronze doré. XIXe siècle.

110 — Surtout en bronze ciselé et doré, composé d'un plateau à fond de glace de forme ovalisée

à galerie décorée à guirlande et reposant sur des pieds-griffes, et de deux candélabres formés de coupes reposant sur de hauts pieds triangulaires à la base, avec ornements en relief, pieds-griffes et socle. Signé de *Thomire* sur les socles des candélabres.

111 — Pièce de surtout, composée de deux coupes forme de deux cornes d'abondance se terminant par des têtes de béliers accotant un grand vase, décor à résille, en ancienne porcelaine de Paris, fond vert à rehauts d'or, reposant sur un socle rectangulaire en bronze doré. Première partie du XIXe siècle.

(Cette pièce complète le surtout précédemment décrit.)

112 — Neuf flambeaux en cristal, montés en bronze, forme de tubes à larges bases. XIXe siècle.

113 — Lampe en métal argenté forme d'autel-trépied, avec abat-jour.

114 — Deux candélabres en bronze, formés par des figures de femmes, patine brune, sur les socles cylindriques en marbre vert ornés de bronze, bouquets à trois lumières. Style Louis XVI.

115 — Deux candélabres en bronze doré, à trois lumières. Style Empire.

116 — Lampe-suspension d'autel en cuivre, motifs à godrons et figures d'anges ailés. XVIIe siècle.

117 — Groupe en bronze, patine brune : Cosaque secourant son officier.

# MEUBLES ANCIENS ET MODERNES

## MIROIRS ET GLACES

118 — Bois d'écran sculpté et doré.

119 — Coffret à lettres en bois naturel verni, à panneaux ajourés.

120 — Deux tables de nuit en bois clair sculpté, formes de vases à piédouches. Commencement du XIXe siècle.

121 — Table tric-trac en acajou, époque Louis XVI, regarnie de bronzes.

122 — Boîte à ouvrage en marqueterie de bois clair, de forme rectangulaire.

123 — Petit guéridon en bois clair, décor à rosaces étoilées.

124 — Jardinière en acajou, reposant sur quatre pieds cambrés reliés par une entrejambes se terminant en griffes de lion.

125 — Deux médaillers en marqueterie et bois de placage, décor de cubes et de losanges.

126 — Deux guéridons en acajou, supportés par des dauphins accouplés reposant sur un socle circulaire. Commencement du XIXe siècle.

127 — Table de nuit, de forme circulaire, en acajou, ornée de bronzes ; dessus de marbre. Style Empire.

128 — Guéridon en noyer ; pied reposant sur trois chimères accroupies, en bois doré ; dessus de marbre. Première partie du XIXe siècle.

129 — Petite table, de forme contournée, en bois sculpté peint blanc et relevé de dorures ; dessus en mosaïque de marbre. Style Louis XV.

130 — Vitrine rectangulaire à pans de glaces, avec colonnettes en bois sculpté et doré aux angles.

131 — Console, de forme rectangulaire, en bois sculpté peint en blanc à rehauts d'or, décor à frise de rinceaux et rosaces ; pieds cannelés ; dessus de marbre.

132 à 133 — Quatre grandes consoles en bois sculpté peint en blanc et doré. Elles sont de forme demi-circulaire et reposent sur six pieds cannelés ; ceintures décorées de personnages, vases fleuris et guirlandes en relief ; dessus de marbre jaune veiné.

134 — Etagère en acajou, modèle à colonnes avec trois tablettes, fond de glace. Commencement du XIXe siècle.

135 — Console en acajou, à fond de glace et dessus de marbre blanc, ornée de bronzes dorés ; pieds à griffes. Époque de la Restauration.

136 — Table-toilette en acajou, avec dessus de marbre et glace psyché.

137 — Deux consoles, de forme rectangulaire, à décor de mascarons de tête d'homme, reposant sur quatre pieds offrant des guirlandes de feuillage.

138 — Guéridon en bronze, à plateau rectangulaire, en mosaïque de marbre polychrome, à fleurs et fleur de lys.

139 — Quatre consoles en bois peint fond jaune, à décor de rinceaux et guirlandes en polychrome ; dessus de marbre jaune veiné.

140 — Grand bureau plat en bois de placage, pieds cambrés, à ornements en bronze, cariatides de femmes; ceinture, entrées de serrure, sabots et poignées en bronze. Style Louis XV.

141 — Importante console en acajou, supportée par des pieds formés de cariatides de femmes accouplées en partie dorées, fond de bois offrant un panneau avec motif de vase et guirlandes en bronze ciselé et doré. Commencement du XIXe siècle.

142 — Meuble-cabinet en noyer sculpté, décor à personnages en relief, reposant sur un pied-table en bois tourné.

143 — Table de milieu en bois sculpté à rinceaux, feuillages et oiseaux; dessus garni d'étoffe. Style Louis XV.

144 — Deux vitrines d'angles en bois sculpté, peintes en vert d'eau, à rehauts d'or et supportées par des pieds-cariatides de femmes ailées.

145 — Grande table circulaire à allonges en acajou, reposant sur vingt pieds. Commencement du XIX^e^ siècle.

146 — Grand bureau plat en marqueterie de bois clair sur bois noir, décor à rinceaux feuillagés et filets d'étain; il s'ouvre à tiroirs sur les côtés. Style XVII^e^ siècle.

147 — Grande bibliothèque à trois corps en acajou, ornée de bronzes, s'ouvrant à quatre vantaux. Style Empire.

148 — Miroir à barbe en acajou, avec deux glaces, à monture articulée.

149 à 154 — Douze miroirs-appliques en bois sculpté et doré à rinceaux et rocailles, avec porte-lumière. Travail Italien. Époque Louis XV.

155 — Quatre appliques en bois sculpté et doré, à fond de glace et à trois lumières. Travail Italien.

156 à 158 — Trois glaces; cadres en bois sculpté peint en blanc rehaussé de dorures, décorées au fronton d'un médaillon enguirlandé.

159 à 162 — Quatre grandes glaces en bois peint à rechampi et décor en relief, avec fronton à panache et vases.

# SIÈGES DIVERS

## MEUBLES DE SALON

163 — Deux chaises en noyer sculpté, dossiers à médaillons, couvertes en étoffe de soie brochée à fleurs, fond bleu. Style Louis XVI.

164 — Deux fauteuils en bois peint en gris et parties dorées, recouverts en velours rouge.

165 — Un canapé et huit chaises en bois peint fond jaune, à décor polychrome (travail Italien), couverts en étoffe péquinée et moirée fond jaune.

166 — Trois fauteuils et une bergère en bois sculpté et laqué, couverts en soie brochée à fleurs fond bleu. Époque Louis XVI.

167 — Meuble de salon en bois sculpté et peint en blanc, de style Louis XV, couvert en damas de soie fond vert. Il est composé de trois canapés et de deux fauteuils.

168 — Meuble de salon en bois d'acajou sculpté et verni, couvert en reps de soie moiré rouge. Il se compose d'un canapé, de douze fauteuils et de deux chaises.

169 — Meuble de salon en acajou, recouvert en velours frappé vert, composé d'un canapé avec deux coussins, deux fauteuils et six chaises. Commencement du XIX^e^ siècle.

# ÉTOFFES

## ANCIENNES ET MODERNES

170 à 180 — Important lot d'étoffes anciennes, Françaises, Russes et Indiennes. (Sera divisé.)

181 — Objets omis.

www.ingramcontent.com/pod-product-compliance
Ingram Content Group UK Ltd.
Pitfield, Milton Keynes, MK11 3LW, UK
UKHW022153260726
13993UKWH00005B/2342

9 782329 532950